云南省情卡片
2021

Brief
Introduction of
Yunnan
Province

云南省地方志编纂委员会办公室　编

主　编　杨建林　赵增昆

方志出版社

图书在版编目（CIP）数据

云南省情卡片 . 2021 / 云南省地方志编纂委员会办公室编 . — — 北京：方志出版社，2021 . 9

ISBN 978—7—5144—4824—5

Ⅰ . ①云··· Ⅱ . ①云··· Ⅲ . ①云南—概况 Ⅳ . ① K927.4

中国版本图书馆 CIP 数据核字（2021）第 195302 号

云南省情卡片 2021

编　　者：云南省地方志编纂委员会办公室

责任编辑：何明忠

出 版 者：方志出版社

地址　北京市朝阳区潘家园东里 9 号（国家方志馆 4 层）

邮编　100021

网址　http://www.zgfzcb.cn

发　　行：方志出版社图书经销中心

电话（010）67110500

经　　销：各地新华书店

印　　刷：昆明鹰达印刷有限公司

开　　本：787x1092mm　1/16

印　　张：8.5

字　　数：65 千字

版　　次：2021 年 9 月第 1 版　2021 年 9 月第 1 次印刷

印　　数：0001 ～ 6000 册

ISBN 978—7—5144—4824—5　定价：78.00 元

云南

省情卡片

BRIEF INTRODUCTION OF
YUNNAN PROVINCE

2021

云南省情卡片

BRIEF INTRODUCTION OF
YUNNAN PROVINCE

2021

主　　编｜杨建林　赵增昆

副 主 编｜袁丽萍　陈天武

执行副主编｜袁国涛

编纂人员｜李红菊　代燕春　方爱琴　赵　芳　杨　干
张　春　张炳贵　许旭光　刘建军　侯焕媛
宣　勤　郑灵琳　何　燕　杨　锁　周应康
郝玉全　周旭明　邱桂梅

方志之歌（代序）

在遥远的星空中
　　是谁在守望着天际的光线
在苍茫的大地上
　　是谁在播种着生命的颗粒
在奔腾的长河中
　　是谁在沉淀着江河的静美
在文明的底座上
　　是谁在镌刻着人类的尊严
我们孕生于伟大的国度
　　注定要赓续不朽的篇章
我们承载着祖先的期冀
　　注定要躬耕东方的霞光
我们澎湃着体内的岩浆
　　注定要喷发生命的礼赞

我们用年复一年的坚守
为时间刻下一轮轮的经度
我们用行行重行行的文字
为空间垒出一层层的纬度
正是在这时空的经纬间
孩子们找到了生命的坐标
心灵的故土
精神的原乡

从来就没有毫无意义的开始
永远也不会是悄无声息的结束
总有一种情感　叫作忠诚
总有一种感动　叫作真诚
总有一种向往　叫作梦想
总有一种使命　叫作崇高
而在所有这一切之上
正是那前见古人　后见来者
代代相继　永不断章
的
千秋青史　万卷河山

2018年，我到地方志系统工作，在一千多个日夜中，深切感悟云岭大地的方志人、中华民族的方志根、东方文明的方志魂，备感传承方志事业、弘扬方志文化的迫切和紧要。故于工作间隙与同事一道，为孩子们编了几本浅近易读的省情读物，以期追随前贤足迹，表“高山仰止，景行行止。虽不能至，然心向往之”的衷情。

方志人

2021年6月

YUNN

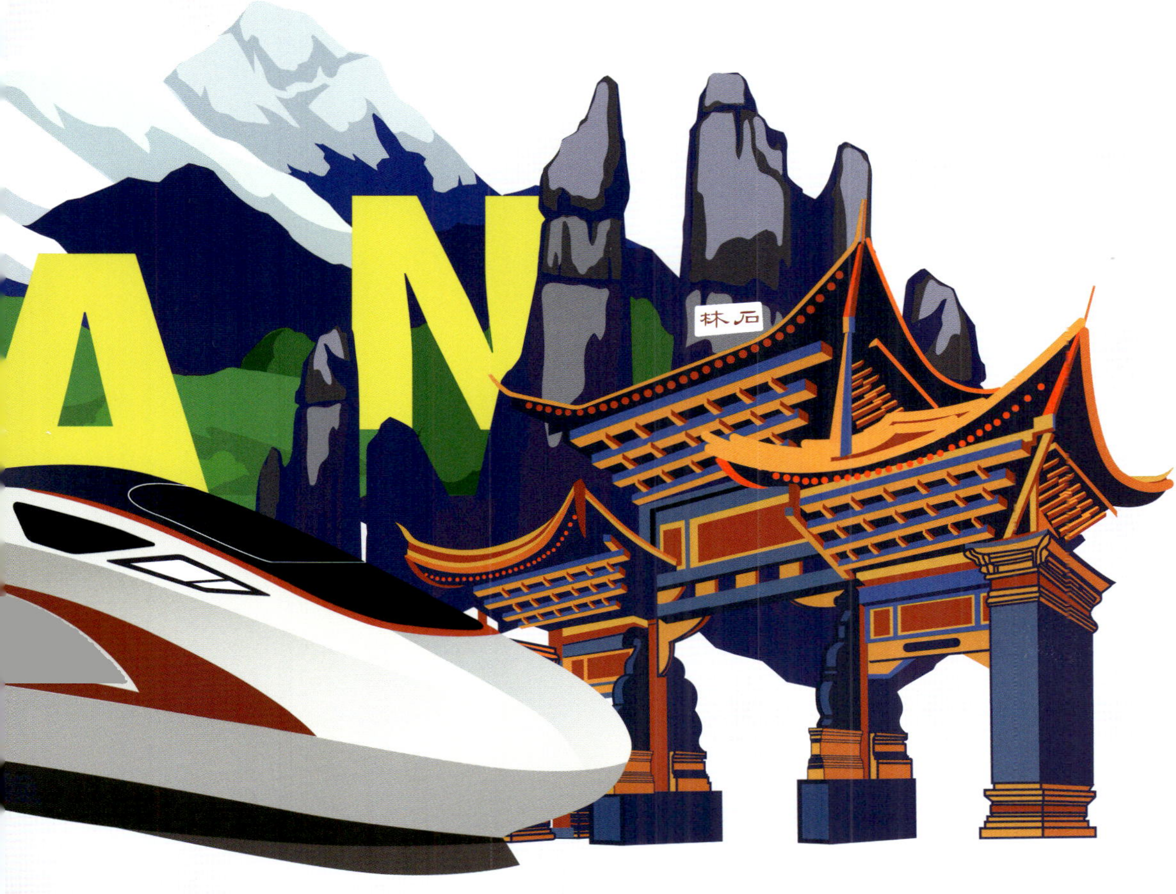

BRIEF INTRODUCTION OF
YUNNAN PROVINCE
2021

Hello This's Yunnan

目录

Content

总体省情
001 — 012

历史省情
013 — 028

自然省情
029 — 052

经济省情
053 — 066

文化省情

067 — 082

社会省情

083 — 100

未来省情

101 — 117

总体

省情

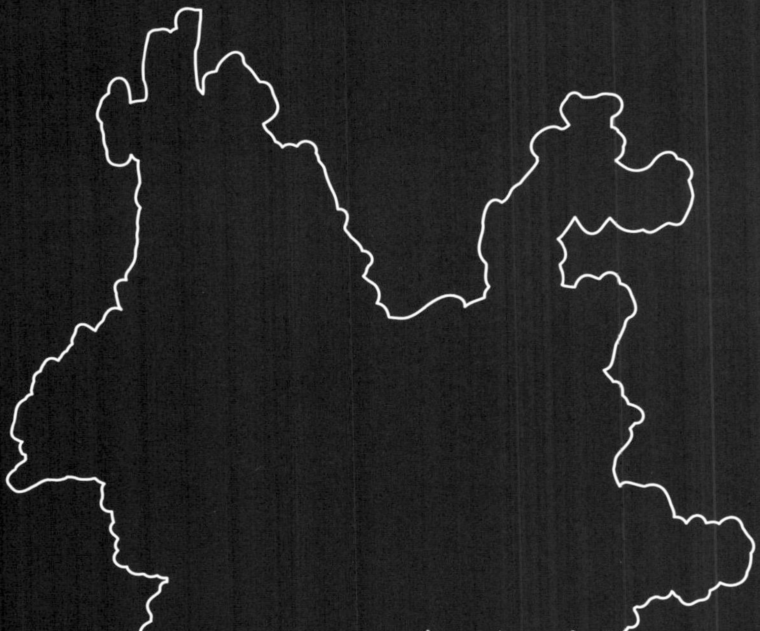

卡片一

Overview
概况

云南省简称“滇”或“云”，云南即“彩云之南、七彩云南”之意，另一说法是因位于“云岭之南”而得名。具有“边疆、民族、山区、美丽”四个突出省情特点。云南地处中国西南边陲，共辖 16 个州（市）、129 个县（市、区），省会昆明；有 8 个边境州（市）、25 个边境县，边境线长 4060 千米，是全国边境线较长的省份之一；与南亚和东南亚国家地缘相近、山水相依、人文相亲，在我国对外交往历史上长期发挥重要作用，是充满生机、活力迸发、蒸蒸日上的开放前沿。云南总人口 4720.9 万人（第七次全国人口普查数据），是中国民族种类最多的省份，全省共有 8 个民族自治州、29 个民族自治县、140 个民族乡。各民族文化上兼收并蓄、经济上相互依存、情感上相互亲近，是中华民族大家庭的缩影。云南总面积 39.41 万平方千米，山区面积占全省国土总面积的 94%，山区气候宜人宜居，生态特色农产品和健康养生资源富集，矿产资源、农业资源、旅游资源、清洁能源富集，是“植物王国”“动物王国”“世界花园”“生物基因宝库”，是我国西南生态安全屏障的前沿核心地带，发展潜力巨大，成长空间广阔。

蓝天白云、绿水青山、良田沃土是大自然赐予云南最宝贵的财富。云南气候类型

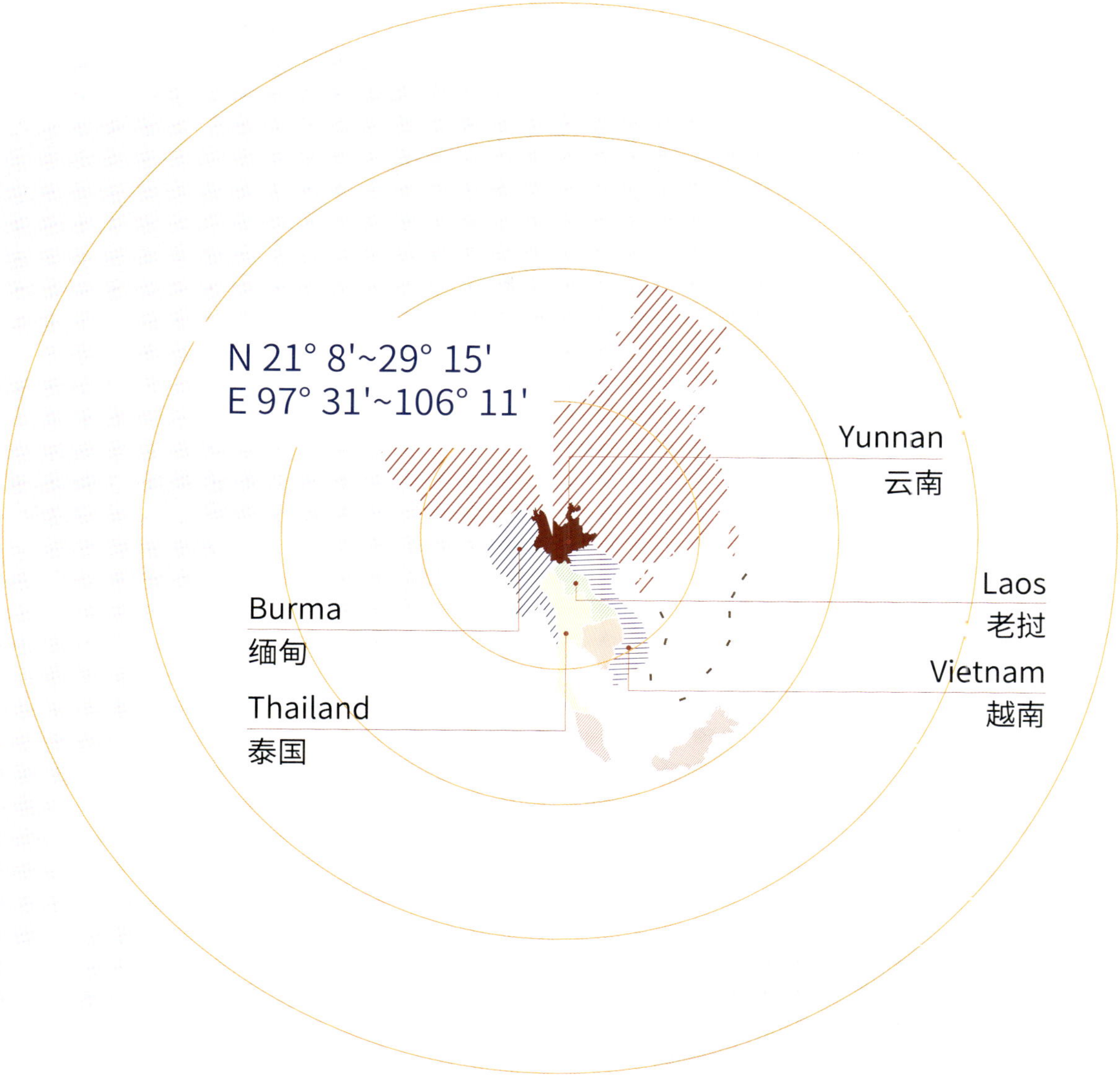
N 21° 8'~29° 15'
E 97° 31'~106° 11'
Yunnan
云南
Laos
老挝
Burma
缅甸
Vietnam
越南
Thailand
泰国

多样，具有“一山分四季，十里不同天”的气候特点，集江河山川之美、生态环境之美、空间地域之美、历史人文之美于一身。

2020年，全省实现地区生产总值24521.9亿元。其中，第一产业增加值3598.91亿元，第二产业增加值8287.54亿元，第三产业增加值12635.45亿元，人均生产总值50299元。

卡片二

Location Area
区位面积

云南省位于北纬 21° 8′～ 29° 15′，东经 97° 31′～ 106° 11′，北回归线横贯南部，属低纬度内陆地区。全省东西最大横距 864.9 千米，南北最大纵距 990 千米。云南地处中国西南边陲，东部与贵州省、广西壮族自治区为邻，北部与四川省相连，西北部紧依西藏自治区，西部与缅甸接壤，南部和老挝、越南毗邻。云南是全国边境线较长的省份之一，有 8 个州（市）的 25 个边境县分别与缅甸、老挝和越南交界。

全省国土总面积 39.41 万平方千米，占全国国土总面积的 4.1%, 居全国第八位。

卡片三

Administrative Division
行政区划

云南省下辖 8 个地级市、8 个自治州，有 129 个县（市、区），其中 17 个市辖区、17 个县级市、66 个县、29 个自治县，有 1407 个乡（镇、街道）、14524 个村（社区）。

昆明市： 呈贡区、盘龙区、五华区、官渡区、西山区、晋宁区、东川区、安宁市、富民县、 宜良县、嵩明县、石林彝族自治县、禄劝彝族苗族自治县、寻甸回族彝族自治县

曲靖市： 麒麟区、沾益区、马龙区、宣威市、富源县、罗平县、师宗县、陆良县、会泽县

玉溪市： 红塔区、江川区、澄江市、通海县、华宁县、易门县、峨山彝族自治县、新平彝族傣族自治县、元江哈尼族彝族傣族自治县

保山市： 隆阳区、腾冲市、施甸县、龙陵县、昌宁县

昭通市： 昭阳区、水富市、鲁甸县、巧家县、盐津县、大关县、永善县、绥江县、镇雄县、彝良县、威信县

丽江市： 古城区、永胜县、华坪县、玉龙纳西族自治县、宁蒗彝族自治县

普洱市： 思茅区、宁洱哈尼族彝族自治县、墨江哈尼族自治县、景东彝族自治县、

景谷傣族彝族自治县、镇沅彝族哈尼族拉祜族自治县、江城哈尼族彝族自治县、孟连傣族拉祜族佤族自治县、澜沧拉祜族自治县、西盟佤族自治县

临沧市：临翔区、凤庆县、云县、永德县、镇康县、双江拉祜族佤族布朗族傣族自治县、耿马傣族佤族自治县、沧源佤族自治县

楚雄彝族自治州：楚雄市、双柏县、牟定县、南华县、姚安县、大姚县、永仁县、元谋县、武定县、禄丰县

红河哈尼族彝族自治州：蒙自市、个旧市、开远市、弥勒市、建水县、石屏县、泸西县、绿春县、元阳县、红河县、金平苗族瑶族傣族自治县、河口瑶族自治县、屏边苗族自治县

文山壮族苗族自治州：文山市、砚山县、西畴县、麻栗坡县、马关县、丘北县、广南县、富宁县

西双版纳傣族自治州：景洪市、勐海县、勐腊县

大理白族自治州：大理市、祥云县、宾川县、弥渡县、永平县、云龙县、洱源县、剑川县、鹤庆县、漾濞彝族自治县、南涧彝族自治县、巍山彝族回族自治县

德宏傣族景颇族自治州：芒市、瑞丽市、梁河县、盈江县、陇川县

怒江傈僳族自治州：泸水市、福贡县、贡山独龙族怒族自治县、兰坪白族普米族自治县

迪庆藏族自治州：香格里拉市、德钦县、维西傈僳族自治县

迪庆
（藏族自治州）
昭通市
丽江市
怒江
（傈傈族
自治州）
大理
（白族自治州）
楚雄
（彝族自治州）
昆明市
曲靖市
德
宏
（傣族景颇
族自治州）
保山市
玉溪市
临沧市
文山
（壮族苗族自治州）
红河
（哈尼族彝族自治州）
普洱市
西双版纳
（傣族自治州）

昆明城市夜景
云南 · 昆明
葛毓宸 / 摄

卡片四

Population & Nationality
人口民族

据第七次全国人口普查，云南省总人口（常住人口）为 4720.9 万人，共有家庭户 1514.6 万户，集体户 71.4 万户。居住在城镇的人口为 2362.8 万人，占总人口的 50.05%；居住在乡村的人口为 2358.1 万人，占总人口的 49.95%。汉族人口为 3157.3 万人，占总人口的 66.88%；各少数民族人口为 1563.6 万人，占总人口的 33.12%。0~14 岁人口为 923.7 万人，占总人口的 19.57%；15~59 岁人口为 3093.4 万人，占总人口的 65.52%；60 岁及以上人口为 703.8 万人，占总人口的 14.91%。

云南是我国民族种类最多的省份，除汉族以外，人口在 6000 人以上的少数民族有彝族、哈尼族、白族、傣族、壮族、苗族、回族、傈僳族等 25 个。其中(以人口数多少为序),哈尼族、白族、傣族、傈僳族、拉祜族、佤族、纳西族、景颇族、布朗族、普米族、阿昌族、怒族、基诺族、德昂族、独龙族共 15 个民族为云南特有，人口数均占全国该民族总人口的 80% 以上。

全省少数民族人口数达 1563.6 万人，占全省人口总数的 33.12%，是全国少数民族人口数超过千万人的 3 个省区（广西、云南、贵州）之一。民族自治地方的土地面积为 27.67 万平方千米，占全省总面积的 70.2% 。全省少数民族人口数超过 100 万人的有彝族、哈尼族、白族、傣族、壮族、苗族 6 个；超过 10 万人不到 100 万人的有回族、傈僳族、拉祜族、佤族、纳西族、瑶族、景颇族、藏族、布朗族 9 个；超过 1 万人不到 10 万人的有布依族、普米族、阿昌族、怒族、基诺族、蒙古族、德昂族、满族 8 个；超过 6000 人不到 1 万人的有水族、独龙族 2 个。云南少数民族交错分布，表现为大杂居与小聚居，彝族、回族在全省大多数县均有分布。

云南特有 15 个少数民族

15 Unique Yunnan Minority

历史

省情

卡片五

Organizational Evolution
建置沿革

云南省简称“滇”或“云”，是人类重要的发祥地之一，生活在距今 170 万年前的元谋人，是迄今为止发现的我国和亚洲最早人类。夏、商时期，云南属中国九州之一的梁州。战国至汉代，云南有滇国。秦汉之际，中央王朝在云南推行过郡县制。西晋时期，云南改设为宁州，是全国十九州之一。唐宋时期，曾建立过南诏、大理国等地方政权。1276 年，元朝在云南设立行中书省，“云南”正式成为全国省级行政区划名称。1382 年，明朝在云南设承宣布政使司、提刑按察使司、都指挥使司，管辖全省府、州、县。清朝沿袭明朝制度，在云南设承宣布政使司，下设道、府、州、县。1911 年，全省共设置府 15 个、厅 18 个、州 32 个、县 41 个、土司区 18 个。1949 年，全省分设 1 个省辖 市、12 个行政督察区、112 个县、17 个设治局、2 个对汛督办区。1950 年 2 月 24 日，云南解放，从此翻开了崭新的历史篇章。

七彩云南古滇王国湿地公园
云南 · 昆明
风轻云淡 / 摄

卡片六

Historical Event
历史事件

滇王受印

公元前 109 年，汉武帝发巴蜀兵攻灭了滇国东北外围的一些滇国同姓部落，兵临滇国，滇王投降。随后，西汉王朝授予滇王“滇王之印”，让其“复专其民”，并在滇国统治地设益州郡。

“滇王之印”金印
现藏于中国国家博物馆

南诏建国

在唐朝的支持下，到 738 年为止，蒙舍诏先后吞并了洱海地区的白蛮和其他五诏，统一洱海流域。唐玄宗封南诏首领皮逻阁为“云南王”，以此为标志，南诏国建立。

建大理国

937 年，段思平取得三十七蛮部的支持，会各部兵于石城（今曲靖），向西进兵打败了杨干贞，段思平称帝，建国号大理。

设云南行省

1260 年，忽必烈即汗位后，即开始使用年号“中统”。

中统年间，忽必烈政权相继在被征服的中原各地推行行省制度。1271 年，建国号“元”。1276 年，设立云南行中书省，“云南” 正式成了省一级行政区划的名称。

“改土归流”

清代，云贵总督鄂尔泰数次上疏，全面阐述“改土归流”的必要，就云南整体的改土规划提出“澜沧江外宜土不宜流、江内宜流不宜土”的主张。1726 年获雍正帝批准，开始“改土归流”。

“马嘉理事件”

1874 年，英国殖民主义者在中缅边界中国云南蛮允镇（今盈江县芒允镇）蓄意挑起冲突，窜至中国边境，开枪射杀中国边民。冲突中，英国人马嘉理等被击毙，故称“马嘉理事件”。

各族人民抗英守边

1891 年，英军进兵江心坡，遭到景颇族人民的坚决抵抗。同年，英军入侵干崖，新袭替干崖宣抚使的傣族土司刀安仁率傣、汉各族民众在铁壁关、大青树一带英勇抗击。1893 年，刀安仁之父刀盈廷召集陇川、勐卯傣族土司和盆干景颇山官联合抗英保境。清政府急令腾越官府勘察各关的关址并与英军谈判。刀安仁和各族民众即刻将拓印关址、门坊碑刻等凭据交由官府。1898 年，英军再犯大青树，刀安仁挥师一鼓作气将英国侵略军撵回了八莫。在刀安仁等人领导下，盈江各族人民抗英 8 年，捍卫了国家主权和领土完整。

滇越铁路五家寨人字桥

滇越铁路

1903 年 10 月 28 日，法国驻华公使与清政府签订《滇越铁路章程》, 滇越铁路云南段的修筑提上日程。滇越铁路自越南海防经河内到老街，从中国河口经蒙自到昆明 , 全长 859 千米 , 中国境内 465 千米。1904 年动工，1910 年建成通车。

护国运动

1915 年 12 月 25 日，唐继尧、蔡锷等发出通电，宣布云南独立，反对帝制，出兵讨袁，掀开了护国运动的大幕。

1916 年 6 月，袁世凯病亡，护国战争停止。

滇缅公路

1937 年年底 , 国民政府决定开辟滇缅公路。滇缅公路云南段全长 959.4 千米 , 其东段从昆明至下关 , 长 411.6 千米；其西段由下关到瑞丽 (后改至畹町), 长 547.8 千米。

“驼峰航线”

驼峰航线线路图

1942 年，日本侵略军切断中国云南的陆上国际大通道之后，国民政府和盟军被迫依靠飞越横断山脉和喜马拉雅山脉的中印空中航线，即“驼峰航线”，维系国际交通和抗战物资输入。

国立西南联合大学旧址

西南联大

抗日战争全面爆发后，北京大学、清华大学、南开大学辗转来到昆明办学，1938 年 4 月，组建了国立西南联合大学，简称西南联大。

“一二・一”惨案

1945 年 12 月 1 日，国民党云南省党部主任委员、代理省主席李宗黄指使省党部、军官总队、三青团暴徒百余人，携带铁条、刺刀和手榴弹，分头攻打云南大学、西南联大新校舍、西南联大师范学院等学校，武力镇压学生反内战民主运动。昆华工校学生张华昌，西南联大师范学院学生李鲁连、潘琰（中共党员）和南菁中学教师于再（中共党员）惨遭杀害，数十名师生被炸伤、打伤，其中重伤 20 余人。此为震惊中外的“一二・一”惨案。

卡片七

Historical Personage
历史人物

庄蹻 (? —前 256)

战国时期楚国将军。楚顷襄王在位时，庄蹻率领楚军循长江而上，夺取巴蜀和黔中以西，并一直打到滇池地区（今云南省昆明市一带）。当时滇池方圆五百里，周边良田万顷、肥沃富饶，是古代云南的经济、政治中心。庄蹻率领中原军队占领了滇池地区，并且使它归属楚国。

盛览

字长通，西汉时期益州牂牁人，生卒年不详，约生活于汉武帝时期，为益州牂牁名士，云南传习汉文化词章第一人。

孟获

三国时期南中夷族首领，东汉末建宁郡（今云南曲靖）人，另说为益州郡（今云南晋宁）大姓，生卒年不详。蜀汉建兴三年(225)，起兵反叛，后被诸葛亮降服。

爨宝子 (380 — 403)

建宁同乐（今云南陆良）人，19 岁时即“弱冠称仁”，就任建宁（今云南曲靖）太守。

阁罗凤 (712 — 779)

又作觉乐凤，南诏第五代王。“天宝战争”后，归顺吐蕃。766 年，阁罗凤在都城太和城（今云南大理南太和村）立南诏德化碑，表明叛唐出于不得已，愿与唐世代友好。

段思平 (893 — 944)

即大理国太祖。大理喜睑（今喜洲）人，一说为剑川永榜人。大理国的缔造者、开国皇帝。

赛典赤 • 赡思丁 (1211 — 1279)

元代优秀的政治家。在担任云南平章政事（官名，为一省最高行政长官）的 6 年间，“兴滇之心，事滇之子”，兴利除弊，大胆改革，深得民众拥戴。元世祖忽必烈建立云南行中书省后，派其为云南行省的首任平章政事。至元十六年 (1279)，赛典赤·赡思丁死于任上，送葬百姓“号泣震野”。

沐英 (1344 — 1392)

字文英，明朝开国功臣，军事将领，明太祖朱元璋养子。18 岁授帐前都尉，参与守镇江，开始军事生涯。洪武十四年 (1381)，沐英为右副将军，与征南将军傅友德、左副将军蓝玉率师 30 万南征云南。洪武十七年 (1384)，傅友德、蓝玉率军班师，留沐英镇守云南。其镇滇期间，大兴屯田，劝课农桑，礼贤兴学，传播中原文化，对西南安定做出贡献。洪武二十五年 (1392)，封黔国公，卒于任上。其子孙世袭黔国公职位，直到末代黔国公沐天波随永历帝逃入缅甸而死，沐氏家族镇守云南共 200 余年。

郑和 (1371 — 1433)

出生于今云南省晋宁县昆阳镇和代村，原名马三保、马和。洪武十三年 (1380) 冬，明军进攻云南。10 岁的马和被掳入明营，成为宦官，后进入朱棣的燕王府，在靖难之役中立功。后明成祖朱棣赐郑姓，任内官监太监。永乐三年至宣德八年（1405 — 1433），郑和率船队七下西洋。宣德八年 (1433)，62 岁的郑和于最后一次从西洋归国途中，在古里 (今印度卡利卡特) 病逝。船队回国后，宣宗赐葬南京牛首山南麓。

兰茂 (1397 — 1470)

字廷秀，号止庵，外号和光道人、洞天风月子、玄壶子等。云南省嵩明县杨林人，祖籍河南洛阳。明代医药家、音韵学家、诗人、教育家。生性聪颖，勤奋好学，少通经史，旁及诸子百家，终身隐居杨林乡里，采药行医，潜心著述，设馆授徒，人称“小圣”。

李元阳 (1497 — 1580)

字仁甫，号中溪，别号逸民，明代大理府太和县人。明嘉靖元年壬午 (1522)，取云贵乡试第二名；嘉靖五年丙戌 (1526), 中进士，选翰林院庶吉士。由于参加议论为嘉靖皇帝生父封号的所谓“大礼议”而被贬江西分宜县。

钱沣 (1740 — 1795)

字东注，一字约甫，号南园，云南昆明人，清代大臣、书画家。乾隆三十六年 (1771) 进士，授检讨，官至御史。曾疏言和珅为军机，办事不遵制度，因授稽察军机处之任。和珅知其家贫裘薄，凡劳苦事多委之，积劳成疾死。书法逼近颜真卿，又擅长画马，识者珍之。有《南园集》。

王炽 (1836 — 1903)

字兴斋，云南弥勒县虹溪人。年轻时因涉命案逃至四川重庆，与旅渝滇商合营天顺祥商号，来往川滇互贸。随后又与席茂之在昆明合资开设“同庆丰”商号。数年经营，成为滇中富商。英国《泰晤士报》曾对百年来世界最富有的人进行统计，排在第四位的便是王炽，而且是唯一榜上有名的中国人，民间称为“钱王”。

李根源 (1879 — 1965)

字印泉，又字养溪、雪生，号曲石，别署高黎贡山人。云南腾冲人，祖籍山东益都(今山东青州)。光绪二十四年 (1898) 中秀才，二十九年 (1903) 入昆明高等学堂。次年留学日本，学习军事，先后毕业于振武学堂和日本陆军士官学校。光绪三十一年 (1905) 加入同盟会，次年春，任云南留日学生同乡会会长、云南杂志社经理。1908 年河口起义，组织“云南独立会”以为声援。宣统元年 (1909) 回国，任云南讲武堂监督兼步兵科教官，次年升总办。他以“坚忍刻苦”为校训，以孙中山三民主义思想教育学生，使云南讲武堂成为“当时中国最进步、最新式”的军事学校。其间，他化装到中缅边境调查后，所提出的英国入侵片马应对三策和《滇西兵要界务图》，对加强滇西防务、滇西抗战及中缅划界作用甚大。

张问德 (1880 — 1957)

字崇仁，号讱庵，云南腾冲人。投身辛亥革命而从政，有文韬武略，为官清正不阿。先后任滇军五旅秘书、腾冲参议会议长、云南省政府秘书、昌宁县县长、腾冲县县长、昆明行营少将军法官兼腾龙守备指挥部第一军事支队长、顺宁县县长、德宏傣族景颇族自治州政协常委。有《偏安腾北抗战集》《秋生草堂诗文录》等著作存世。

蔡锷 (1882 — 1916)

原名艮寅，字松坡，湖南邵阳人。近代伟大的爱国者，著名政治家、军事家、民主革命家，中华民国初年的杰出军事领袖。宣统三年 (1911) 初，调云南，任新军第十九镇第三十七协协统。1911 年 10 月 30 日 (农历九月初九)，与革命党人李根源等在昆明领导新军响应武昌起义，蔡锷被推为临时革命总司令。旋成立云南军政府，任都督。11 月 1 日，大中华云南军都督府成立，蔡锷被推举为都督。数日后，云南各府、州、县传檄而定，全省光复，清政府在云南的封建统治被彻底推翻。蔡锷在出任云南都督期间，大力推行新政，发展经济，改善民生，深受军民爱戴，使民主共和思想深入人心，在风云变幻的政治舞台上始终坚持国家统一和民族团结的原则立场。

唐继尧 (1883 — 1927)

又名荣昌，字蓂赓，云南会泽县城关人。滇军创始人与领导者，滇系军阀首领。参加过重九起义、昆明起义。在护国战争中，与蔡锷联合宣布云南独立，自任中华民国护国军总司令。护国战争结束后，任云南督军兼省长。护法运动中被推为护法军总裁之一，并任滇川黔鄂豫陕湘闽八省靖国联军总司令。民国 2 年 (1913) 开始在云南执政。唐继尧在近 14 年的执政期中，兴办教育、筹办市政、发展实业，做了若干利民兴滇的大事，对云南的近代化事业有很大的促进作用。

龙云 (1884 — 1962)

字志舟，原名登云，彝名纳吉乌萨。云南省昭通市昭阳区炎山乡人。国民党滇军高级将领，国民革命军陆军二级上将，云南省国民政府主席，云南陆军讲武堂校长。

1948 年加入民革，历任民革第二届中央委员、 第三届中央副主席、第四届中央常委。龙云先后主政云南 17 年。其间，他努力革新，支持民主运动，坚持抗日，使云南的政治、经济和文化等各方面建设都取得了重大进步，被誉为“民主堡垒”。

熊庆来 (1893 — 1969)

字迪之，出生于云南省弥勒市。中国现代数学先驱，中国函数论的主要开拓者之一 。1920 年，熊庆来获得马赛大学理科硕士学位；1926 年创办清华大学算学系；1933 年获得法国国家理科博士学位；1934 年回国后在国立清华大学任教；1937 年出任云南大学校长；1939 年创办云南大学附中。熊庆来以“熊氏无穷数”理论载入世界数学史册。

聂耳 (1912 — 1935)

原名聂守信，字子义 (亦作紫艺)，云南玉溪人。中国共产党党员，人民音乐家，中国新音乐的创始人，中国无产阶级革命音乐先驱，中华人民共和国国歌《义勇军进行曲》的作曲者。1935 年 7 月 17 日，在日本国藤泽市海滨游泳时溺水而卒，时年 23 岁。

卡片八

The Highest in Yunnan
云南之最

我国少数民族分布最多的省 —— **云南省**

云南省人口最多的少数民族 —— **彝族**

云南省人口最少的少数民族 —— **独龙族**

云南省最大的侨乡 —— **保山市**

云南省最早的民族自治州 —— **西双版纳傣族自治州**

云南省最早的民族自治县 —— **峨山彝族自治县**

全国最大的花卉交易市场 —— **昆明斗南花市**

中国创建最早的青铜器博物馆 —— **江川青铜器博物馆**

中国最大的民族博物馆 —— **云南民族博物馆**

中国最大的乡级图书馆 —— **和顺图书馆**

中国最古老的少数民族象形文字 —— **东巴文**

云南省最古老的音乐 —— **纳西古乐**

世界最著名的喀斯特景观之一 —— **石林**

亚洲最壮观的溶洞 —— **燕子洞**

中国最早创建的热带植物园 —— **云南热带植物研究所**

世界第一高山茶花树 —— **巍宝山“桂叶银红”古山茶**

中国最大的铜铸殿 —— **金殿**

和顺图书馆
云南 · 腾冲
YL 社长 / 摄

中国对联最多的公园 —— **玉溪通海秀山公园**

世界最古老的铜鼓 —— **万家坝铜鼓**

中国最大的铁柱 —— **南诏铁柱**

中国最早的铜棺 —— **石头山铜棺**

世界最大最重的古币 —— **嘉靖通宝**

中国最早的古人类牙齿化石 —— **元谋人之齿**

中国最古老的猿化石 —— **禄丰腊玛古猿化石**

自然

省情

卡片九

Natural Overview
自然概况

云南是一个高原山地省份，山地面积 33.11 万平方千米，占全省国土总面积的 84%；高原面积 3.9 万平方千米，占全省国土总面积的 10%；盆地面积 2.4 万平方千米，占全省国土总面积的 6.0%。地形以元江谷地和云岭山脉南段宽谷为界，分为东西两大地形区。东部为滇东、滇中高原，是云贵高原的组成部分，平均海拔 2000 米左右，表现为起伏和缓的低山和浑圆丘陵，发育着各种类型的岩溶（喀斯特）地貌；西部高山峡谷相间，地势险峻，山岭和峡谷相对高差超过 1000 米。5000 米以上的高山顶部常年积雪，形成奇异、雄伟的山岳冰川地貌。全省海拔高低相差很大，最高点海拔 6740 米，在滇藏交界处德钦县境内怒山山脉的梅里雪山主峰卡瓦格博峰；最低点海拔 76.4 米，在河口县境内南溪河与红河交汇的中越界河处。两地直线距离约 900 千米，海拔相差 6000 余米。

红河元阳哈尼梯田
云南 · 红河
陈小羊 / 摄

长江第一湾
云南·丽江
张卫国／摄

云南地势呈现西北高、东南低，自北向南呈阶梯状逐级下降，从北到南的每千米水平直线距离，海拔平均降低 6 米。北部是青藏高原南延部分，海拔一般在 3000 ～ 4000 米，有高黎贡山、怒山、云岭等巨大山系和怒江、澜沧江、金沙江等大河自北向南相间排列，三江并流，高山峡谷相间，地势险峻；南部为横断山脉，山地海拔不到 3000 米，主要有哀牢山、无量山、邦马山等，地势向南和西南缓降，河谷逐渐宽广；在南部、西南部边境，地势渐趋和缓，山势较矮，宽谷盆地较多，海拔在 800 ～ 1000 米，个别地区下降至 500 米以下，主要是热带、亚热带地区。

全省河川纵横，湖泊众多。全省境内径流面积在100平方千米以上的河流有889条，分属长江、珠江、红河、澜沧江、怒江、伊洛瓦底江六大水系。在云南境内的主要河流段，长江称金沙江，珠江称南盘江，红河称元江， 伊洛瓦底江称大盈江；出境河流段澜沧江称湄公河，怒江称萨尔温江。红河和珠江发源于云南境内，其余为过境河流。除金沙江和南盘江外，均为跨国河流，这些河流分别流入南中国海和印度洋。多数河流具有落差大、水流湍急、水流量变化大的特点。全省有高原湖泊40余个，多数为断陷型湖泊，大体分布在元江谷地和东云岭山地以南，多数在高原区内。湖泊水域面积约1100平方千米，占全省总面积的0.28%，总蓄水量1480.19亿立方米。湖泊中数滇池面积最大，为306.3平方千米；洱海次之，面积约250平方千米。抚仙湖深度全省第一，最深处为151.5米；泸沽湖次之，最深处为73.2米。

高黎贡山
云南·保山
杜小红 / 图

卡片十

Climatic Character
气候特点

云南气候兼具季风气候、低纬度气候和高原气候特征，立体气候特点显著，类型众多，年温差小、日温差大，干湿季节分明，气温随地势高低垂直变化异常明显。滇西北属寒带型气候，长冬无夏，春秋较短；滇东、滇中属温带型气候，四季如春，遇雨成冬；滇南、滇西南属低热河谷区，有一部分在北回归线以南，进入热带范围，长夏无冬，一雨成秋。在一个省区内，同时具有北热带、南亚热带、中亚热带、北亚热带、南温带、中温带和高原气候区 7 种气候类型，一般海拔每升高 100 米，温度平均递降 0.6°C～ 0.7°C，有“一山分四季，十里不同天”之说，景象别具特色。

全省平均气温，最热月（7 月）均温在 20°C～ 23°C，最冷月（1 月）均温在 7°C～ 11°C，年温差一般只有 12°C～ 13°C。同日早晚较凉，中午较热，尤其是冬、春两季，日温差可达 12°C～ 20°C。全省降水在季节上和地域上的分配极不均匀，干湿季节分明。湿季（雨季）为 5 － 10 月，集中了全年 85% 的降水量；干季（旱季）为 11 月至次年 4 月，降水量只占全年的 15%。全省降水的地域分布差异大，最多的地方年降水量可达 2000 ～ 2400 毫米，最少的仅有 564 毫米，大部分地区年降水量在 900 毫米以上。全省年日照时数空间差异显著，东部少，西部多。滇东北部仅为 834 小时，而滇西和滇中北部的部分地区超过 2400 小时，全省大部地区为 2000 ～ 2400 小时。全省无霜期长，南部边境全年无霜，偏南地区和干热河谷地区无霜期为 300 天以上，中部地区为 240 ～ 300 天，比较寒冷的滇西北和滇东北等地除高寒山区外的大部地区也达 180 天以上。

卡片十一

Soil Resources
土壤资源

云南因气候、生物、地质、地形等相互作用，形成了多种多样的土壤类型，土壤垂直分布特点明显。经初步划分，全省有16个土壤类型，占到全国的30%。其中，红壤系列土壤面积占全省土地面积的50%以上，是省内分布最广、最重要的土壤资源，故云南有“红土高原”“红土地”之称。云南水稻土有51个土种，其中面积较大的土种有10多种。成土母质多为冲积物和湖积物，部分为红壤性和紫色性水稻土。大部分土壤呈中性和微酸性，有机质在1.5%～3.0%，氮磷养分含量比旱地高。山区旱地土壤约占全省的64%，主要为红壤、赤红壤、黄棕壤、黄壤、紫色土。坝区旱地土壤约占17%，主要为红壤、赤红壤、紫色土。旱地土壤分布比较分散，施肥水平不高，加之水土流失，土壤有机质普遍较水田低。常用耕地面积423.01万公顷。

东川红土地
云南 · 东川
咏物无声 / 摄

卡片十二

Plant Resources
植物资源

云南是我国乃至世界野生植物资源最丰富的地区之一，素有“植物王国”之美誉。2019 年，云南森林面积为 2392.65 万公顷，森林覆盖率为 62.4%，森林蓄积量 20.2 亿立方米。植被的复杂性和多样性居全国首位，据《云南植被》（1987 年版）记载，共分 12 个植被型、34 个植被亚型。根据《云南省生物物种名录》（2016 年版），全省已知高等植物 440 科、3084 属、19333 种，分别占全国高等植物的 96.7%、86.2%、50.1%。在云南拥有的高等植物中，国家重点保护野生物种有 146 种，占全国的 47.2%。其中，云南特有物种有 43 种，主要分布区在云南的有 32 种。按保护级别划分：国家 I 级重点保护植物 38 种，占 26%；国家 II 级重点保护植物 108 种，占 74%。

普洱国家公园
云南 · 普洱
杨志坚 / 摄

中国科学院西双版纳热带植物园
云南 · 西双版纳
华灿 / 摄

卡片十三

Wildlife Resources
动物资源

云南动物种类数为全国之冠，素有“动物王国”之称。云南省分布有脊椎动物 2242 种，占全国总数的 51.4%，其中陆生脊椎动物 1652 种。在云南省分布的陆生野生动物中，有兽类 313 种，占全国的 46.4%；鸟类 945 种，占全国的 68.8%；爬行类 152 种，占全国的 45.1%；两栖类 189 种，占全国的 46.1%。在我国公布的 335 种重点保护陆生野生动物中，云南就有 236 种，占全国总数的 70.4%。其中，亚洲象、印度野牛、绿孔雀、赤颈鹤等 25 种在我国仅分布于云南。珍禽异兽，如蜂猴、滇金丝猴、亚洲象、印度野牛、长臂猿、印支虎、白尾梢虹雉等 58 个物种均属国家 I 级重点保护野生动物；熊猴、猕猴、小熊猫等 178 个物种均属于国家 II 级重点保护动物。

亚洲象
云南·普洱
金子涵 / 图

滇金丝猴
云南·香格里拉
刘剑伟 / 摄

国家一级保护动物——黑颈鹤
云南 · 昭通
张石贵 / 摄

卡片十四

Mineral Resources
矿产资源

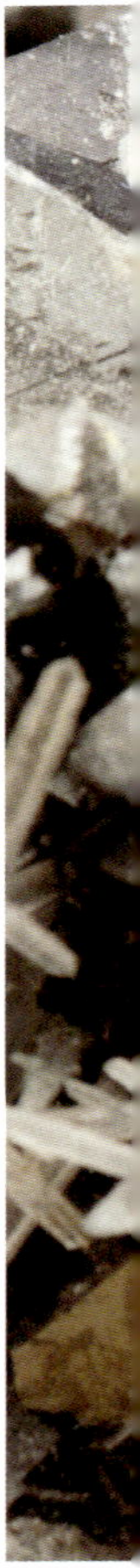

云南省是全国矿产资源大省之一，被誉为“有色金属王国”和“磷化工大省”，是得天独厚的矿产资源宝地。

云南矿产资源具有以下特点：

1 **矿种全**

全省已发现各类矿种 143 种，探明储量的有 86 种。

2 **总量大**

全省已探明各类矿产地 1632 个 , 其中大型矿区 115 个、中型矿区 402 个、小型矿区 1115 个。73 种固体矿产保有资源储量居全国前十位 ,27 种居前三位。

3 **共生、伴生矿多**

利用综合潜力大，经济价值高。

铅锌矿石水晶簇
云南 · 怒江
pand00 / 图

卡片十五

Energy Resources
能源资源

云南能源资源得天独厚，尤以水能、煤炭资源储量较大，开发条件优越；地热能、太阳能、风能、生物能有较好的开发前景。云南河流众多，全省水资源总量 2206 亿立方米，居全国第三位；水能资源蕴藏量达 1.04 亿千瓦，居全国第三位，水能资源主要集中于滇西北的金沙江、澜沧江、怒江三大水系；经济可开发装机容量 0.9 亿千瓦，居全国第二位。煤炭资源主要分布在滇东及滇东北，全省现已探明储量 373.64 亿吨，居全国第九位，煤种也较齐全，烟煤、无烟煤、褐煤都有。地热资源以滇西腾冲地区的分布最为集中，全省有出露地面的天然温热泉约 1015 处，居全国之冠，年出水量 3.6 亿立方米，水温最低的为 25° C，水温高的在 100° C 以上（腾冲市的温热泉，水温多在 60° C 以上，高者达 105° C）。太阳能资源较丰富，仅次于西藏、青海、内蒙古等省区，全省年日照时数在 1000 ～ 2800 小时，年太阳总辐射量每平方厘米在 90 ～ 150 千卡。省内多数地区的日照时数为 2100 ～ 2300 小时，年太阳总辐射量每平方厘米为 120 ～ 130 千卡。

建设中的白鹤滩水电站
云南 · 昭通
怀初灬 / 摄

华能沙帽山风电场
云南 · 大理
熊发寿 / 摄

卡片十六

Tourist Resources
旅游资源

云南以独特的高原风光，热带、亚热带的边疆风物和多彩多姿的民族风情而闻名于海内外。旅游资源十分丰富，已经建成了一批以高山峡谷、现代冰川、高原湖泊、石林、喀斯特洞穴、火山地热、原始森林、花卉、文物古迹、传统园林及少数民族风情等为特色的旅游景区。全省有景区、景点 600 余个，国家 A 级以上景区有 347 个。其中，列为国家级风景名胜区的有石林、大理、西双版纳、三江并流、昆明滇池、丽江玉龙雪山、腾冲地热火山、瑞丽江—大盈江、宜良九乡、建水等 12 处，列为省级风景名胜区的有陆良彩色沙林、禄劝轿子雪山等 53 处。

曼春满大佛
云南 · 西双版
李维俊 /

沙溪古镇
云南 · 大理
何兆贤 / 图

截至 2020 年，云南有昆明、大理、丽江、建水、巍山和会泽 6 座国家历史文化名城；有禄丰县黑井镇、剑川县沙溪镇、腾冲县和顺镇、孟连县娜允镇、宾川县州城镇、洱源县凤羽镇、蒙自市新安所镇、通海县河西镇、凤庆县鲁史镇、姚安县光禄镇、文山市平坝镇 11 个中国历史文化名镇；有会泽县娜姑镇白雾村、云龙县诺邓镇诺邓村、石屏县宝秀镇郑营村、巍山县永建镇东莲花村、祥云县云南驿镇云南驿村、保山市隆阳区金鸡乡金鸡村、永胜县期纳镇清水村、弥勒县密祉乡文盛街村、永平县博南镇曲硐村、沧源县勐角乡翁丁村、泸西县永宁乡城子村 11 个中国历史文化名村；有石屏县古城区 1 个中国历史文化街区；有腾冲、威信、保山、广南、石屏、漾濞、孟连、香格里拉、剑川、通海 10 座省级历史文化名城；有 15 个省级历史文化名镇、27 个省级历史文化名村、7 个省级历史文化街区。丽江古城（1997 年 7 月）、红河哈尼梯田（2013 年 6 月）被列入世界文化遗产名录，三江并流（2003 年 7 月）、石林（2007 年 6 月）、澄江古生物化石地（2012 年 7 月）被列入世界自然遗产名录，丽江纳西东巴古籍文献被列入世界记忆遗产名录。

丽江大研古镇
云南·丽江
guyue / 摄

Hello
This's
Yunnan

经济
省情

卡片十七

Economy Survey
经济概况

2020年，全省地区生产总值（GDP）24521.9亿元，比上年增长4%。其中，第一产业增加值3598.91亿元，增长5.7%；第二产业增加值8287.54亿元，增长3.6%；第三产业增加值12635.45亿元，增长3.8%。三次产业占GDP比重分别为14.7：33.8：51.5。全省人均生产总值50299元，比上年增长3.3%。全省地方一般公共预算收入完成2116.69亿元，比上年增长2.1%。全省地方一般公共预算支出完成6974.01亿元，比上年增长3%。全省居民消费价格指数（CPI）上涨3.6%。固定资产投资（不含农户）同比增长7.7%。社会消费品零售总额9792.87亿元，比上年下降3.6%。外贸进出口总额389.46亿美元，比上年增长15.6%。全省城镇、农村居民人均可支配收入分别为37500元、12842元，分别增长3.5%、7.9%。

2020年，全省地区生产总值(GDP)

24521.9 亿元

比上年增长

↑4%

2020年，全省人均生产总值

50299 元

比上年增长

↑3.3%

全省居民消费价格指数（CPI）

比上年增长

↑3.6%

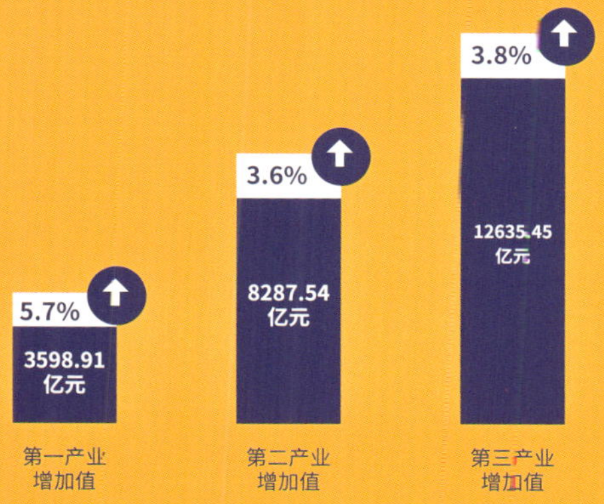

2020年，社会消费品零售总额

9792.87 亿元

比上年增长

↓3.6%

2020年，外贸进出口总额

389.46 亿美元

比上年增长

↑15.6%

卡片十八

Agricultural Development
农业发展

云南农业历史久远，早在远古时期就有原始农业。秦汉时期农业有了较快发展，而且牧业、渔业、丝麻棉纺织品加工等手工业也逐渐发展起来。近代农业经济基本处于自给自足的自然经济状态。

中华人民共和国成立后，农业获得了迅速发展，大体经历了迅速恢复和发展时期（1949 — 1957 年）、曲折发展时期（1958 — 1965 年）、徘徊发展时期（1966 — 1978 年）、持续全面发展的新时期（1979 — 1995 年）。

中共十八大以来，全省农业农村系统坚持以习近平新时代中国特色社会主义思想为指导，坚决贯彻落实省委、省政府决策部署，全力推进乡村振兴战略实施、加快推进农业绿色发展、稳步推进农业农村改革，乡村振兴实现良好开局，农业农村现代化迈出坚实步伐。截至 2020 年年底，全省农林牧渔业总产值达到 5920.52 亿元，同比增长 5.7%。

全省农村常住居民人均可支配收入达到 12842 元，同比增长 7.9%。农产品出口额 331.2 亿元，连续多年稳居西部第一。

烟叶种植基地
云南·玉溪
金国龙/图

全省主要农作物绿色防控覆盖率达37.4%，化肥、农药使用量双双实现负增长。畜禽养殖禁养区划定等任务全面完成，畜禽粪污综合利用率达75%。高致病性禽流感、口蹄疫、小反刍兽疫免疫密度均达到100%。主要农产品综合合格率为97.63%。圆满完成12项农业农村改革任务。其中，完成承包土地确权面积11092.37万亩，确权承包方878.8万户，颁发证书877.36万本、颁证率达99.8%。全面推行农村集体产权制度改革。

卡片十九

Industrial Development
工业发展

清末民初，云南传统工业开始向现代工业转型。抗日战争时期，一大批军工企业迁至昆明，为云南工业奠定了基础。

中华人民共和国成立后，1950 — 1995 年的 46 年来，云南工业以年均 12.3% 的速度发展，并在发展中不断调整结构，经济效益日益提高，形成了一个具有云南特色、门类比较齐全、相互配套、初具规模，并有一定基础、实力和水平的工业体系。

中共十八大以来，云南省紧紧围绕八大重点产业、“三张牌” 和 “数字云南”建设，狠抓招商引资工作，增强全省工业发展后劲，有力促进全省工业高质量发展，已形成以大中型企业为骨干，以烟草、电力、有色、化工、食药等产业为支柱行业，覆盖 39 个工业大门类比较齐全的现代工业体系。

2020 年，全省工业完成增加值 5457.96 亿元，比上年增长 2.4% 。其中，规模以上工业增长 2.4% 。分门类看，采矿业增长 0.8% ，制造业增长 1.6% ，电力、燃气和水的生产供应业增长 5.5% 。分行业看，烟草制品业增长 0.8%，电力、热力生产和供应业增长 6.5% ，化学原料和化学制品制造业减少 0.3% ，非金属矿物制品业增长

3.0%，黑色金属冶炼及压延加工业增长 11.8%，有色金属冶炼及压延加工业增长 11.5%，石油、煤炭及其他燃料加工业降低 10.2%。

全年粗钢产量 2233.02 万吨，增长 3.6%；钢材产量 2640.72 万吨，增长 13.7%；10 种有色金属产量 511.41 万吨，增长 26.2%；水泥产量 12984.71 万吨，增长 1.1%；卷烟产量 703.18 万箱，增长 0.6%；成品糖产量 261.22 万吨，增长 9.4%。

全年规模以上工业企业累计实现税金 1465.69 亿元，比上年降低 7.2%。实现利润 1005.43 亿元，增长 13.2%。

2020 年，全省工业增加值

5457.96 亿元

比上年增长

↑2.4%

规模以上工业增长

↑2.4%

2020 年，规模以上工业企业累计实现税金

1465.69 亿元

比上年降低

↓7.2%

实现利润

1005.43 亿元

增长

↑13.2%

卡片二十

Service Industry Development
服务业发展

中华人民共和国成立前，多数地区贸易不发达。中华人民共和国成立后，云南城乡集市贸易恢复发展，随着社会主义改造的基本完成和国家主导下“自由市场”的恢复和发展，全省集市贸易日趋活跃。云南旅游业始于 20 世纪 50 年代，主要接待社会主义国家的旅游者和回国华侨，业务范围有限，发展缓慢。“文化大革命”期间，集市贸易被取消，旅游业受到重创，陷入停滞状态。改革开放后，旅游业等服务业受到省委、省政府的重视，经过 40 年的发展壮大已经成为全省经济发展的重要支柱。

2020 年，全省第三产业完成增加值 12635.45 亿元，同比增长 3.8%。2020 年，全省接待国内游客 5.29 亿人次，同比下降 33.9%；累计实现旅游总收入 6477.03 亿元，同比下降 41.3%；外贸进出口额 389.46 亿美元，较上年同期增长 15.6%；社会消费品零售总额 9792.87 亿元，比上年下降 3.6%。

昆明滇池国际会展中心
云南 · 昆明
罐头熊 / 摄

卡片二十一

Three Cards
三张牌

2018 年 1 月 25 日，云南省十三届人大一次会议通过的《政府工作报告》提出："全力打造世界一流的'绿色能源''绿色食品''健康生活目的地'三张牌，形成几个新的千亿元产业"。

打造
"绿色能源"牌

最大限度提高水电资源利用效率，加快把云南绿色清洁资源优势转化为经济发展优势，做强绿色能源产业，把绿色能源产业打造成云南重要支柱产业。

打造
"绿色食品"牌

把产业兴旺作为乡村振兴的重点方向，把高起点发展高原特色现代农业作为今后一个时期传统产业优化升级的战略重点，加快实现高原特色现代农业绿色化、有机化、规模化、品牌化发展。

打造
"健康生活目的地"牌

大力发展从"现代中药、疫苗、干细胞应用"到"医学科研、诊疗"，再到"康养、休闲"全产业链的"大健康产业"，使云南成为世人健康生活的向往之地。

方志资政服务平台

云南省全力打造“绿色能源”牌，绿色铝创新产业园等一批重大项目落地投产，绿色铝材、绿色硅材等产业快速发展，省内用电量占比提升到 52.3%。全力打造“绿色食品”牌，创建一批“一县一业”示范县、特色县，新认证“三品一标”1525 个，农村电子商务发展全面提速，粮食产量稳中有增，农业加工业产值与农业总产值之比提高到 1.6：1。全力打造“健康生活目的地”牌，大力发展高端医疗产业集群，创新合作模式，引进国内外优质医疗资源，建设集临床服务、医疗教育、医学科研和成果转化为一体的医疗综合体；启动建设大滇西旅游环线，深入推进“整治乱象、智慧旅游、提升品质”旅游革命“三部曲”，“一部手机游云南”重构了智慧旅游、全域旅游新生态，“30 天无理由退货”成为诚信云南新标志。2020 年，旅游总收入达 6477 亿元。

卡片二十二

Digital Economy
数字经济

数字经济是一个内涵丰富且涉及面广泛的概念，《二十国集团数字经济发展与合作倡议》中对数字经济的阐述是：数字经济是指以使用数字化的知识和信息作为关键生产要素、以现代信息网络作为重要载体、以信息通信技术的有效使用作为效率提升和经济结构优化的重要推动力的一系列经济活动。互联网、云计算、大数据、物联网、金融科技与其他新的数字技术应用于信息的采集、存储、分析和共享过程中，改变了社会互动方式。数字化、网络化、智能化的信息通信技术使现代经济活动更加灵活、敏捷、智慧。

数字经济有几个特点：一是数据成为关键生产要素，特别是智能手机的出现，使得每个消费者都成了重要的数据生产者；二是连接成为数字经济的关键，互联网兴起为数字经济发展奠定了重要的基础，共享经济让微小个体在作为消费群体的同时，也成为重要的生产群体，催生了新的商业模式；三是信息技术成为数字经济的重要推动力，云计算、人工智能、区块链等技术不断演进和升级，使更多的商业创新和创业成为可能。

2020年，云南省坚持走“以资源引企业、以市场换产业、以应用促发展”的路子，大力打造“数字云南”，数字经济呈现快速发展良好态势。加快新型基础设施建设，4G和固话宽带实现村委会100%全覆盖，建设5G基站1.92万个，覆盖16个州市，5G智慧工厂、智慧物流、智慧医疗、智慧旅游等领域实现应用示范，建成7个大中型数据中心，建成云南省区块链基础云平台，建成全省16个州市BNS（商业性网络服务）城市节点，为区块链和学习技术融合、区块链赋能产业生态等发挥积极的基础性支撑作用。举办首届“数字云南”区块链国际论坛，开具全国第一张区块链电子冠名发票，挂牌成立全国首个省级区块链中心，组建云南省区块链产业联盟，发布云南区块链平台和区块链溯源商品码“孔雀码”。推进电子信息制造业快速发展，信息产业核心聚集区、电子信息产业集群效应初步显现。成立云南省数字经济开发区，引进阿里巴巴、京东等800余家知名企业。积极推进行业融合创新，“一部手机”系列产品不断创新应用。

文化

省情

卡片二十三

Language and Writing
语言文字

云南是一个多民族、多语种、多文字的边疆省份，全省 25 个少数民族中，除回族、水族、满族3个民族使用汉语外，其他22个少数民族使用26种语言。其中，景颇族有景颇语和载瓦语，瑶族有勉语和布怒语，怒族有怒苏语、阿侬语、矛若语。26 种少数民族语言分属汉藏、南亚两大语系的藏缅、壮侗、苗瑶、孟高棉 4 个语族，藏、景颇、彝、缅、苗、瑶、壮傣、佤德昂 8 个语支。大体可分为 4 种类型：母语型、双语型、多语型和母语转用型。

母语型

这类民族主要聚居在边疆地区，虽有部分人通汉语，但其民族的共同交际语为本民族的母语，基本只使用本民族语言。如怒江的傈僳族，迪庆的藏族，德宏的傣族、景颇族，西双版纳的傣族，沧源、西盟的佤族，澜沧的拉祜族，贡山的独龙族和怒族等。

双语型

双语现象在云南各少数民族中较为普遍。分两种情况，一种是居住在内地平坝地区或各民族交错聚居、杂居的地区，除了使用本民族语言外，已有一部分人兼通汉语，如白族、纳西族、壮族等；另一种情况是居住在边疆地区的人口较少的一些民族，他们除了使用本民族语言外，还有一部分人兼通本地区另一个少数民族的语言，如西双版纳、普洱、临沧的拉祜族、哈尼族、佤族都有一部分人兼通傣语，怒江的怒族、白族、彝族中大多数人兼通傈僳语。

多语型

这类民族一般人口较少，与邻近的民族联系密切，他们除使用本民族的语言外，还兼通邻近两个或两个以上民族的语言。如德宏的德昂族，除使用本民族语言外，还兼通景颇语、傣语。宁蒗的普米族，除使用普米语外，一部分人还兼通藏语、彝语、纳西语，有的还兼通汉语。

母语转用型

这类民族本民族语言已消失，而通用汉语。回族、满族历史上已通用汉语。云南水族的本民族语言也基本消失。此外，昭通的彝族、昆明市郊区的白族大部分已通汉语。

云南改进和创制了彝族、哈尼族、傣族、苗族、壮族、傈僳族、佤族、拉祜族、纳西族、景颇族、白族、瑶族、独龙族 13 种民族文字，加上藏文等，现在使用的民族文字共 22 种。其中，傣族文字和语言与泰国有一定的历史渊源。纳西族的东巴文历史悠久，东巴文字是迄今还在传承的象形文字，别具特色。

傣族历法书籍

彝族历法书籍

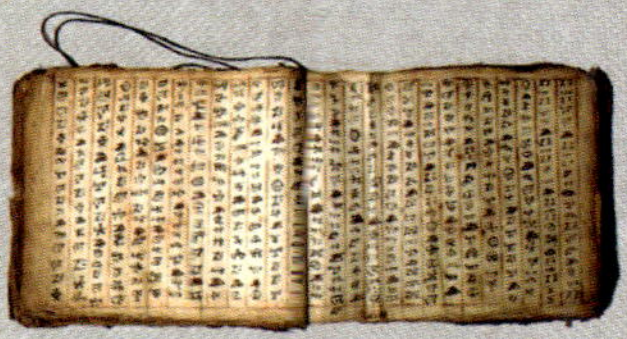

彝族安魂送魂经书

卡片二十四

Cultural Business
文化事业

中华人民共和国成立后，云南的文化事业进入到一个崭新的发展阶段。20 世纪五六十年代，为了使文化工作适应社会主义革命和建设的需要，对中华人民共和国成立前的各项文化事业进行了卓有成效的改造，促进了云南文化事业的发展。“文化大革命”时期，云南的文化事业遭到较大破坏。改革开放以来，云南省依托丰厚的文化资源优势，以深化文化体制改革为动力，文化产业实现了较快发展，规模不断壮大，文化综合实力和影响力全面提升，成果显著。

中共十八大以来，云南省文化事业持续繁荣发展，全省共有图书馆 151 个，文化馆 149 个，文化站 1450 个，村级综合性文化服务中心 14455 个，农家书屋 13997 个，农村发行网点（云上乡愁书院）159 个；有图书出版单位 8 家，音像出版单位 2 家，报纸出版单位 51 家，期刊出版单位 112 家，共出版报纸 59 种、期刊 128 种。针对文化产业发展主要障碍，明确政策导向，优化产业环境，加大文化产业发展政策扶持力度，有力地推进了文化产业发展，形成了政府主导、市场主体、企业运作、可持续发展的良好格局。云南特色文化及相关产业增加值从 2012 年的 298.97 亿元增加到 2019 年的 784.32 亿元，占 GDP 比重从 2012 年的 2.9% 增长到 2019 年的 3.38%。

云南省博物馆
云南 · 昆明
王正鹏 / 摄

卡片二十五

Ethnic Profile
民族概况

自古以来，云南是众多世居民族与来自东西南北各民族叠合的地带，民族文化历史悠久，源远流长。经过先民的开拓创造，又与外来民族以及周边近邻东南亚、南亚国家，特别是中原汉族文化的交流融汇，形成绚丽多彩、具有鲜明地方特色的民族文化，是整个中华民族文化的重要组成部分。

全国 56 个民族 , 在云南都有居住，人口超过 6000 人的世居少数民族有彝族、哈尼族、白族、傣族、壮族、苗族、回族、傈僳族、拉祜族、佤族、纳西族、瑶族、景颇族、藏族、布朗族、布依族、普米族、阿昌族、怒族、基诺族、蒙古族、德昂族、满族、水族、独龙族 25 个，是全国世居少数民族最多的省份。其中，白族、哈尼族、傣族、傈僳族、佤族、拉祜族、纳西族、景颇族、布朗族、普米族、怒族、德昂族、独龙族、阿昌族、基诺族 15 个民族为云南省所特有，是中国特有民族最多的省份；彝族、哈尼族、傣族、壮族、苗族、傈僳族、拉祜族、佤族、瑶族、景颇族、布朗族、布依族、阿昌族、怒族、德昂族、独龙族 16 个少数民族跨境而居，是中国跨境民族最多的省份。

2019 年年末 , 云南省少数民族人口为 1630.93 万人，占全省人口总数的 33.57%，是全国少数民族人口数超过千万人的 3 个省区（广西、云南、贵州) 之一。全省少数民族人口数超过 100 万人的有彝族、哈尼族、白族、傣族、壮族、苗族 6 个；超过 10 万人不到 100 万人的有回族、傈僳族、拉祜族、佤族、纳西族、瑶族、景颇族、藏族、布朗族 9 个；超过 1 万人不到 10 万人的有布依族、普米族、阿昌族、怒族、基诺族、蒙古族、德昂族、满族 8 个；超过 6000 人不到 1 万人的有水族、独龙族 2 个。云南少数民族交错分布 , 表现为各民族大杂居与单一民族小聚居的特点，彝族、回族在全省大多数县均有分布。

拉祜族人民欢庆幸福生活
云南 · 普洱
李雨霖 / 摄

卡片二十六

Minority Autonomy
民族自治

民族区域自治制度是我国的一项基本政治制度，是中国特色社会主义制度体系的重要组成部分。民族区域自治制度是指在国家统一领导下，各少数民族聚居的地方实行区域自治，设立自治机关，行使自治权的制度。1951 年 5 月，云南省第一个民族区域自治地方——峨山彝族自治区（后改为县）成立。至 2019 年年末，云南省共建立 8 个民族自治州，29 个民族自治县。另外，作为民族区域自治的重要补充，先后建立了 197 个民族乡。至 2019 年年末，有 57 个撤乡建镇或与其他乡镇合并，尚有民族乡 140 个。

8 个民族自治州分别是：西双版纳傣族自治州（1953 年 1 月）、德宏傣族景颇族自治州（1953 年 7 月）、怒江傈僳族自治州（1954 年 8 月）、大理白族自治州（1956 年 11 月）、迪庆藏族自治州（1957 年 9 月）、红河哈尼族彝族自治州（1957 年 11 月）、文山壮族苗族自治州（1958 年 4 月）、楚雄彝族自治州（1958 年 4 月）。

29 个民族自治县分别是：峨山彝族自治县（1951 年 5 月）、澜沧拉祜族自治县（1953 年 4 月）、江城哈尼族彝族自治县（1954 年 5 月）、孟连傣族拉祜族佤族自治县（1954 年 6 月）、耿马傣族佤族自治县（1955 年 10 月）、宁蒗彝族自治县（1956

年 9 月）、贡山独龙族怒族自治县（1956 年 10 月）、巍山彝族回族自治县（1956 年 11 月）、石林彝族自治县（1956 年 12 月）、玉龙纳西族自治县（1961 年 4 月）、屏边苗族自治县（1963 年 7 月）、河口瑶族自治县（1963 年 7 月）、沧源佤族自治县（1964 年 2 月）、西盟佤族自治县（1965 年 3 月）、南涧彝族自治县（1965 年 11 月）、墨江哈尼族自治县（1979 年 11 月）、寻甸回族彝族自治县（1979 年 12 月）、元江哈尼族彝族傣族自治县（1980 年 11 月）、新平彝族傣族自治县（1980 年 11 月）、维西傈僳族自治县（1985 年 10 月）、漾濞彝族自治县（1985 年 11 月）、禄劝彝族苗族自治县（1985 年 11 月）、金平苗族瑶族傣族自治县（1985 年 12 月）、宁洱哈尼族彝族自治县（1985 年 12 月）、景东彝族自治县（1985 年 12 月）、景谷傣族彝族自治县（1985 年 12 月）、双江拉祜族佤族布朗族傣族自治县（1985 年 12 月）、兰坪白族普米族自治县（1988 年 5 月）、镇沅彝族哈尼族拉祜族自治县（1990 年 5 月）。

卡片二十七

Minority Festival
民族节庆

云南省各民族的岁时年节，是各民族在长期历史发展中形成的，大多与季节更迭、祈求丰收、信仰崇拜、社会交往、传统风俗等有关，是各民族历史的活化石，集中体现了各民族的生活方式，生动展现了各民族的传统文化。云南省民族众多，形成了岁时年节的多样性。据统计，云南省各民族大大小小的节日有近400个，可分为七大类。

年节：在云南省少数民族中，彝族、白族、纳西族、傣族等民族有本民族的天文历法，大多有辞旧迎新的年节。年节是民族节日中最隆重的节日，傣族的泼水节、藏族的藏历年、基诺族的特懋克节、哈尼族的十月年、傈僳族的阔时节等是云南民族年节的典型代表。

祭祀节日：云南省大多数少数民族信仰民间宗教，有自然崇拜、英雄崇拜、祖先崇拜的习俗，这些习俗逐渐演化为祭祀节日。祭祀节日是云南民族节日中最古朴的节日，分为自然崇拜的节日，如彝族的密枝节、普米族的转山会、独龙族的卡雀哇节等；祖先崇拜的节日，如佤族的拉木鼓节、瑶族的盘王节、阿昌族的窝罗节等；英雄崇拜的节日，如傈僳族的刀杆节、怒族的仙女节、满族的颁金节等。

农事节日：云南省各民族由于自然地理原因，在同一区域形成了农业的立体分布，农业生产差异大，不同的农耕文化形成了各自独特的农事节日。分为除害驱虫的节日，如彝族、白族、纳西族等的火把节；祈求丰收的节日，如哈尼族的苦扎扎节（六月年）、壮族的开秧门和关秧门、佤族的播种节、阿昌族的撒种节等；庆贺丰收的节日，如壮族、拉祜族、阿昌族等的尝新节，佤族、傈僳族等的新米节等。

白族石宝山歌会
云南·大理

娱乐性节日：云南省民族众多，娱乐活动丰富多彩，娱乐节日种类多样，分为歌舞娱乐节日，如景颇族的目瑙纵歌节、白族的石宝山歌会、彝族的马缨花节等；社交性娱乐节日，如傈僳族的澡堂会、彝族的赛装节、哈尼族的姑娘节、白族的蝴蝶会、德昂族的采花节等；综合性娱乐节日，如苗族的踩花山，壮族、布依族的三月三，蒙古族的那达慕大会，藏族的赛马会等。

独龙族剽牛祭祀
云南·怒江

景颇族目瑙纵歌节
云南·德宏

商贸节日：云南省传统的集市称为“街子”，每隔一定日子赶一次，称为“街天”。在漫长的历史发展中，这些自然形成的具有节日气氛的商贸集市活动逐渐发展成为商贸节日，如大理白族的三月街、葛根会，丽江纳西族的骡马会、棒棒会，彝族的三月会、高峰花会等。

宗教性节日：云南省民间同时并存着世界性的五大宗教，构成了数教和谐共处的状况，因而云南民族节日还存在着一类源于宗教活动和宗教祭祀的宗教节日，如回族的开斋节、古尔邦节，傣族的关门节、开门节和赕佛节，藏族的格东节、燃灯节，阿昌族的阿露节等。

法定节日：云南民族节日丰富多彩，各民族在长期的交往交流过程中，有的民族节日已经成为几个民族或同一个区域共同欢度的节日，如泼水节、火把节等。20 世纪 80 年代以来，各地根据国家政策法规对一些具有普遍性的节日予以引导和规范，形成了一批具有传统特点、日期相对统一、影响广泛的节日品牌。

卡片二十八

Religious Culture
宗教文化

云南省境内现有佛教、道教、伊斯兰教、天主教、基督教以及少数民族传统宗教。它们有悠久的传播历史、相对稳定的信仰民族及信众，各宗教对信众的精神生活和社会生活的影响并不相同，但又相对平衡。各宗教之间关系和谐，发展平稳有序。云南独具特色的宗教文化，成为云南地方历史文化的重要组成部分。

佛教传入云南的时间大约在 7 世纪末，传入路径大致有印度、缅甸、西藏和中原几条。云南佛教分属佛教三大派别：汉传佛教、藏传佛教、南传佛教，三大派别传入云南的时间略有先后。概括而言，佛教三大派别传入云南的时间上起 7 世纪的唐代，下至 13 — 14 世纪的元、明时期。道教约在东汉末年传入云南。伊斯兰教约在 13 世纪传入云南。天主教约在明末清初传入云南。基督教约在 19 世纪后半叶传入云南。

此外，云南少数民族存在不同程度的民间信仰遗存，主要有藏族苯教、纳西族东巴教、白族本主崇拜和彝族土主崇拜等。遗存的形态活动主要有万物有灵观念、自然崇拜、动植物崇拜、神灵崇拜、鬼魂崇拜、图腾崇拜、祖先崇拜、生殖崇拜等。现代以来，云南少数民族民间信仰的一些信仰观念及祭祀活动逐渐演变为云南少数民族传统文化的重要组成部分。

鸡足山
云南 · 宾川
郑博予 / 摄

Hello
This's
Yunnan

社会

省情

卡片二十九

Education
教育事业

中华人民共和国成立前，云南除昆明市有云南大学和抗战期间的西南联合大学在省内外有一定影响外，全省的教育极为薄弱，尤其是农村，边疆、山区甚至没有中小学。中华人民共和国成立后，云南的教育事业虽几经起伏和曲折，仍不断地有所发展。中共十一届三中全会以来，通过调整、改革、发展，变化更大。云南的教育事业为全面实施“科教兴滇”战略奠定了坚实的基础。

中共十八大以来，云南教育坚持以人民为中心的发展思想，聚焦全省教育发展不平衡不充分的问题，如期完成“两基目标”，着力提升素质教育，推进义务教育均衡发展，教育改革发展取得了新突破，云南教育现代化迈出了新步伐。全省初步形成了一个具有高等教育、职业教育、基础教育、民族教育和成人教育的基本完备的教育体系，为云南的经济腾飞、社会发展培养了大批人才，为跨世纪教育事业的改革和发展奠定了良好的基础。

2020 年，全省高等教育在校生 128.38 万人，增长 11.0%；毕业生 31.26 万人，增长 16.5%。各类中等职业教育（含技工学校）在校

昆明理工大学图书馆
云南 · 昆明
dttb820117 / 摄

生 75.94 万人，毕业生 18.56 万人。普通高中在校生 97.16 万人，毕业生 28.37 万人。初中在校生 182.37 万人，毕业生 62.51 万人。普通小学在校生 389.22 万人，毕业生 60.80 万人。学前教育在园（班）幼儿 167.27 万人。小学学龄儿童入学率达 99.9%，小学毕业生升学率达 99.3%。高等教育毛入学率达 50.1%，高中阶段教育毛入学率达 91.0%，九年义务教育巩固率达 96.2%。

卡片三十

Health Service
卫生事业

2019 年，云南省居民人均期望寿命已达 75.1 岁，与中华人民共和国成立之前的不足 32 岁相比，可谓发生了翻天覆地的变化。孕产妇死亡率由解放初的 3500/10 万下降到 2020 年的 12.42/10 万，婴儿死亡率由解放初的 500‰下降到 2020 年的 4.73‰。

全省各类医疗卫生机构由 1949 年的 96 个、病床 637 张、专业卫生人员 991 人，增长到 2020 年年底的 26627 个、床位 32.53 万张、卫生技术人员 36.65 万名，全省总诊疗人次达到 27113.49 万人次。社会办医从凤毛麟角的个体行医，发展到现在的社会资本办医、中外合资合作医疗机构、香港独资医疗机构，多形式、多渠道、多样化的医疗服务提供模式。

截至 2020 年年底，全省有中医医院 169 个，疾控中心 150 个、各级疾控人员 9420 人，急救中心（站）44 个。全省 129 个县（市、区）共有 13583 个村卫生室，有 1371 个乡镇卫生院。乡镇卫生院在岗人员有 60883 人，村卫生室人员有 42132 人。乡镇卫生院总诊疗人次为 5858.16 万人次，比 2013 年增加 46.45%，入院 149.61 万人次。

云南省阜外心血管病医院
云南 · 昆明

云南自古以来就被认为是“瘴疠之区”，疟疾、鼠疫、天花、麻风、霍乱等疾病流行。中华人民共和国成立后，云南建立了省、州、县三级防疫站，并结合爱国卫生运动，大力开展预防接种和重大疾病防控。1956 年全省消除了人间鼠疫，1960 年消除了天花。在 20 世纪四五十年代曾严重危害云南省人民身体健康和生命安全的疟疾，截至 2020 年年底，全省已维持 4 年无本地感染病例报告。2020 年 6 月通过了国家消除疟疾终审评估。20 世纪六七十年代以后，脊髓灰质炎、麻疹、白喉、百日咳等疫苗针对性疾病发病率显著下降，已经连续 21 年保持无脊髓灰质炎状态。血吸虫病已连续 7 年未发现当地新感染的血吸虫病人、病畜及感染性钉螺。麻风病患病率 2020 年与 1968 年相比，下降了 99.19%，全省已有 116 个县（市、区）实现消除麻风病危害标准。2020 年，云南省甲、乙类传染病发病率 189.61/10 万，已经连续 16 年保持低于全国平均水平。

卡片三十一

Science and Technology Development
科技发展

中华人民共和国成立以前，云南的科学技术工作和力量非常薄弱。1949 年，全省仅有自然科学研究机构 4 个，职工不足 100 人，另有省农事改进所和几个农业试验场。科普工作，虽于 1910 年组建过云南省农学会（会员 200 余人），1948 年成立了业余无线电协会（会员 40 余人），但活动开展较少。

中华人民共和国成立以来，尤其是中共十八大以来，全省科学技术工作发生了巨大变化，机构、队伍不断发展壮大，全省科技投入逐年增加，科技水平不断提高，科普工作深入开展，在矿冶、电子信息、机械制造、农业、生物医药、动物疫病、环境安全等领域开展大量科技创新活动，取得一大批重大成果，为云南经济社会发展做出了积极贡献。

2015—2019 年，全省研发经费投入年均增长 20.7%，年均增速居全国第四位；研发经费投入强度（研发经费投入占 GDP 比重）年均提高 0.06 个百分点；研发经费投入全国排名从第二十三位提升至第十九位；企业对研发投入强度的贡献率由 58.8% 提升为 89.6%。2019 年全省研发经费投入达 220.05 亿元，研发经费投入强度为 0.95%。2020 年度共登记 387 项科技成果，其中应用技术成果 327 项、基础理论成果 30 项、软科学成果 30 项。主持完成的 2 项科技成果获得 2019 年度国家科学技术奖励；认定登记技术合同 3331 项，成交金额达 50.10 亿元。

截至 2020 年年末，已建立国家级高新技术产业开发区 3 个；国家重点实验室 6 个，省重点实验室 105 个，国家工程技术研究中心 4 个，省工程技术研究中心 124 个，云南省野外科学观测研究站 18 个，国家野外科学观测研究站 5 个，国家大学科技园 2 个，国家科技企业孵化器 13 个；创新型企业 272 家，创新型（试点）企业 146 家，高新技术企业 1679 家，省级科技型中小企业 8386 家。2020 年，新认定院士专家工作站 93 个。

卡片三十二

Urban and Rural Development
城乡建设

云南省建城历史源远流长，早在 2000 多年前，庄蹻即在今昆明北郊建苴兰城；唐南诏时期，已建城近百座；明代城镇多已规范化；清末城镇建设向近代化过渡；民国初，昆明、个旧等少数城镇开始建设自来水厂、公园等基础设施。

中华人民共和国成立后，云南城市建设经历了一个发展、停滞、大发展的历程。中共十一届三中全会以来，云南城市建设进入中华人民共和国成立以来最好的发展时期。经过 40 多年的发展，截至 2019 年年底，全省建成保障性住房 517.0 万平方米，居民人均居住面积达 40 平方米。

全省公共供水普及率达 94.61%，燃气普及率达 68.77%，城镇污水处理率达 95%、生活垃圾处理率达 99.66%，建成区绿化覆盖率达 39.03%，人均公园绿地面积达 11.48 平方米。全省累计创建国家节水型城市 4 个、国家园林城市 11 个、国家园林县城 23 个、国家园林城镇 3 个，省级园林城市和县城 46 个、省级园林城镇 2 个。现有国家历史文化名城 6 座，中国历史文化名镇 11 个，中国历史文化名村 11 个，省级历史文化名城 10 座，省级历史文化名镇 15 个，省级历史文化名村 27 个。

历史上，云南村镇建设多处于自发状态。中华人民共和国成立后，村镇房屋建设和环境状况有了一定改善。从 1980 年开始，全省有计划地全面开展村镇规划工作，已完成村镇规划全覆盖。截至 2020 年年底，全省有建制镇 591 个、行政村 13335 个。脱贫攻坚以来，累计解决了超过 130 万户约 500 万农村贫困群众的住房安全问题，实现了贫困农户危房“清零”和“危房不住人、住人无危房”的目标，农村居民人均住房建筑面积达 44.26 平方米。

昆明长水国际机场
云南 · 昆明
周勃典 / 摄

卡片三十三

Traffic Conditions
交通建设

中华人民共和国成立初期，云南公路只有 2783 千米，铁路只有 650 千米维持运营，民航只有抗日战争时期遗留下来的老旧和临时的机场，水运也只有渡船和小渔船。这一时期，云南交通的主要任务是解决“走得了”的问题。1954 年，昆洛公路修通，成为巩固国防、造福沿线人民、连接中国西部与东南亚各国之间的一条重要通道。1956 年，昆明—曼德勒—仰光国际航线开通，成为通往东南亚、西亚和非洲的重要国际通道。1970 年，成昆铁路竣工。

改革开放以来，云南交通发展步入了快车道。1985 年，云南成为全国第一个实现牵引动力内燃化的省份；同年，云南在亚洲第一个引进了当时最先进的波音 737-300 型客机，并组建了飞行大队。1996 年，云南建成了第一条高速公路——昆嵩高速。2001 年，澜沧江－湄公河国际航运通航。2012 年，昆明长水机场投入运营。2012 年年底，云南公路通车里程比 1978 年翻了 5 倍，达到了 21.9 万千米；铁路运营里程提高了 1.38 倍，达到了 2350 千米；机场数量翻了 3 倍，达到 12 个；水运通航里程翻了 3.35 倍，达到了 3374 千米。

中共十八大以来，云南综合交通发生了翻天覆地的变化。云南全面建设以铁路“八出省五出境”、公路“七出省五出境”、水路“两出省三出境”为主的综合交通互联互通通道。截至 2020 年年末，全省公路总里程达 29.3 万千米，其中高速公路建成里程达 9000 千米，全省有 110 个县（市、区）通高速公路，“七出省五出境”高速公路主骨架网络基本形成；铁路营运里程达到 4233 千米，其中高铁里程达 1105 千米，全省有 10 个州市通铁路 (8 个州市通高铁)，“复兴号”动车开抵中越国门口岸，“八出省五出境”铁路网不断延伸；全省通航运营民用运输机场达到 15 个，新冠肺炎疫情前，全省开通国际和地区航线 93 条、通航城市 57 个，到东南亚、南亚通航点 43 个、位居全国第一位，“两网络一枢纽”航空网加速推进；全省航道通航里程达到 5108 千米，“两出省三出境”水路通道水路网持续拓展；与老挝和越南开通了 29 条国际道路客货运输线路，国际道路运输便利化工作稳步推进；邮政企业网点乡镇覆盖率 100%，乡镇快递网点覆盖率达 99.8%。

龙江特大桥
云南 · 腾冲
布鲁斯 - 滕 / 摄

江大桥

卡片三十四

Ecological Civilization
生态文明

云南省的环境保护工作始于 20 世纪 70 年代初治理螳螂川污染。1992 年 11 月，云南省人大常委会审议通过《云南省环境保护条例》，云南省环境保护事业进入全面发展时期。1997 年，滇池治理被纳入国家“三河三湖”治理重点。2001 年起，云南加强九大高原湖泊治理与保护。“十一五”规划期间，云南先后实施了“七彩云南保护行动”、节能减排、九大高原湖泊水污染治理、生物多样性保护、城镇污水和垃圾设施建设、“森林云南”建设等重大举措，加大环境保护投入，环境保护工作取得突破性进展。“十二五”规划期间，云南以建成“全国生态文明建设排头兵”为奋斗目标，以“保护优先、发展优良、治理有力、治污有效”为基本要求，全力推进治污，全面加强监管，积极推进《云南省生物多样性保护战略与行动计划（2012—2030 年）》落实。

“十三五”规划期间，云南制定出台了全国第一部生物多样性保护的地方性法规《云南省生物多样性保护条例》，编撰出版了《云南大百科全书·生态卷》，在全国率先发布了《云南省生物物种名录（2016 版）》《云南省生态系统名录（2018 版）》《云南省外来入侵物种名录（2019 版）》；围绕“五位一体”总体布局，主动推动生态文明体制改革，将工作重心集中到环境质量改善的根本任务上；按照“源头严防、过

泸沽湖
云南 · 丽江
飘摇悠悠 / 摄

程严管、后果严惩”思路，建立健全最严格的环境保护制度；严厉打击环境违法行为，出台关于全面加强生态环境保护坚决打好污染防治攻坚战的实施意见，坚决打好蓝天、碧水、净土“三大保卫战”和九大高原湖泊治理等“8 个标志性战役”。

2020 年，全省 16 个州（市）政府所在地城市环境空气质量优良天数比率为 98.8%。全省 369 个地表水监测断面（点位）水质优良比例为 82.4%，出境跨界河流水质达标率 100%。九大高原湖泊中泸沽湖、抚仙湖达到 I 类标准，水质优；洱海、阳宗海达到 III 类标准，水质良好。全省划定生态保护红线面积 11.84 万平方千米，占全省国土面积的 30.90%。累计建成 10 个国家生态文明建设示范县、5 个“绿水青山就是金山银山”实践创新基地、10 个国家级生态示范区、85 个国家级生态乡镇、3 个国家级生态村，1 个省级生态文明州、21 个省级生态文明县（市、区）、615 个省级生态文明乡镇（街道）、29 个省级生态文明村，3 个单位获得“中国生态文明奖先进集体”称号，3 人获得“中国生态文明奖先进个人”称号。

卡片三十五

Poverty Alleviation
脱贫攻坚

云南是全国脱贫攻坚的主战场之一。全省建档立卡贫困人口总量达到 754.85 万人，居全国第一；共有 88 个贫困县，居全国第一，占全省 129 个县（市、区）的 68.2%。包括怒江州、迪庆州在内的 27 个县处于深度贫困状态，脱贫成本高、难度大。

中共十八大特别是中央扶贫开发工作会议以来，省委、省政府坚持精准扶贫精准脱贫基本方略，坚持以脱贫攻坚统揽经济社会发展全局，建立健全组织动员、责任落实、政策支持、资金投入、合力攻坚、监督检查、考核评估七项体系机制，落实“五级书记抓扶贫、党政同责促攻坚”的责任体系，构建“党政主责、部门同责、干部主帮、群众主体、社会参与”的工作格局。

沪滇、粤滇扶贫协作实现 88 个贫困县全覆盖，53 家中央单位定点帮扶云南 73 个贫困县，全省累计派出 19.47 万名干部驻村帮扶，4.85 万名干部担任第一书记，2.55 万个单位挂包 8502 个贫困村，75 万名干部职工与贫困户结成“亲戚”，社会各界广泛参与，汇聚起脱贫攻坚强大合力。通过接续奋战、不懈努力，169 万户贫困户有了产业扶持，318.19 万贫困劳动力外出务工，99.6 万贫困人口“挪穷窝、换穷业”，“三保障”和饮水安全问题得到全面解决，人均纯收入增加到 1.07 万元，贫困群众获得感、幸福感、安全感全面增强，全省现行标准下农村贫困人口全部脱贫、8502 个贫困村全部出列、88 个贫困县全部摘帽、11 个“直过民族”和人口较少民族整体脱贫，贫困地区基础设施全面改善，为全国打赢脱贫攻坚战做出云南贡献。

东川异地搬迁
云南 · 东川

Hello
This's
Yunnan

未来

省情

卡片三十六

Development Positioning
发展定位

省情特征

云南省是中国通往东南亚、南亚的窗口和门户，地处中国与东南亚、南亚三大区域的结合部，拥有国家一类口岸 19 个、二类口岸 6 个，与缅甸、越南、老挝三国接壤；与泰国和柬埔寨通过澜沧江—湄公河相连，并与马来西亚、新加坡、印度、孟加拉等国邻近，是我国毗邻周边国家较多的省份之一。历史上著名的“史迪威公路”和“驼峰航线”经过云南境内。云南省认真贯彻习近平总书记考察云南重要讲话精神，努力把云南建成我国面向东南亚南亚辐射中心，在实施“一带一路”战略和长江经济带建设的推动下，努力构建云南全方位开放新格局，联通中国、东南亚、南亚三大市场，与各邻近国家建立合作、互利、共赢关系，云南将更深程度融入世界经济体系。全省综合交通、产业基础、资源条件、生态环境、改革创新、对外开放等正逐步形成协同效应，发展方向目标思路措施更加明确，发展基础更加厚实，发展动力更加强劲。特别是随着以国内大循环为主体、国内国际双循环相互促进的新发展格局形成，“一带一路”建设、长江经济带发展、西部大开发等国家重大发展战略和政策在云南交汇叠加，云南省独特的区位优势、资源优势、开放优势更加凸显。

同时，“欠发达”仍然是云南的基本省情，既有发展不平衡不充分的问题，又有与现代化差距较大的问题。与全国相比，存在“两个 30 个百分点”和“三个 10 个百分点”的差距。即：全省人均地区生产总值、居民人均可支配收入低于全国平均水平 30 个百分点左右，这“两个 30 个百分点”说明了云南的巨大差距；工业增加值占地区生产总值比重、常住人口城镇化率、中等收入群体比重，低于全国平均水平 10 个百分点左右，这“三个 10 个百分点”分别代表了“产、城、人”三个经济社会发展中的关键因素，说明了差距的重要原因。高质量发展的基础仍然不牢固，科技创新和人才资源短板突出；产业层次不高；市场主体数量偏少，民营经济占比低；农业产业化水平不高，县域经济不强。区域、城乡发展不平衡，巩固拓展脱贫攻坚成果任务繁重，民生短板较多，生态环境质量持续改善的基础不稳固，各类风险隐患多元多样多变，边疆民族地区治理能力需要不断增强。

未来云南的发展，要锚定 2035 年云南省与全国同步基本实现社会主义现代化，新型工业化、城镇化率、中等收入群体比重达到全国平均水平的目标，用 5 年时间，全省工业增加值占 GDP 比重、常住人口城镇化率、中等收入群体比重等指标分别提高 10 个百分点左右，达到全国 2020 年平均水平。

地位作用

云南深度融入新发展格局，就要正确认识和把握在全国发展大局中的地位和作用，深入研究分析云南在国内大循环、国内国际双循环中的位置、比较优势，努力把云南建设成为连接国内市场与南亚东南亚国际市场之间的战略纽带、“大循环、双循环”的重要支撑，在我国未来发展中扮演重要角色。

一是成为部分领域先进制造节点。建成国家石油炼化基地，建设世界一流“中国铝谷”和绿色硅精深加工基地，探索建设仿制药研发生产国际合作基地，推动上下游产业链集聚发展，实现生物医药、疫苗、稀有金属和贵金属新材料、液态金属等关键新材料进口替代，为全国提供更多高品质产品。

二是成为加工贸易梯度转移重点承接地。与沿海省（区、市）建立产业转移承接结对合作机制、跨区域共建产业园区；与周边国家共建国际产能合作区、跨境经济合作区，引导龙头企业在中国（云南）自由贸易试验区、国家重点开发开放试验区、国家级高新区、经济开发区、边(跨）境经济合作区、综合保税区、跨境电商综合试验区等开放平台布局标志性产业链，促进与南亚东南亚国家产业链、供应链、价值链深度融合。

三是成为要素循环重要节点。构建双循环，就要围绕生产、分配、流通、消费等各个环节，完善做大国内国际市场规模的政策支撑体系，加快区域性股权交易中心和鲜花、咖啡、茶叶、珠宝玉石、有色金属等要素交易中心建设，建设特色大宗商品国际现货交易中心，培育发展新型要素形态，提升云南市场、资源、技术、产业、资本、人才等要素集聚和协同联动能力，更好利用国内国际两个市场两种资源。

四是成为国内国际深化合作的桥梁纽带。发挥云南“东引西联”的独特优势，对内与长三角、京津冀、粤港澳大湾区、成渝地区双城经济圈深化合作，对外主动参与中国—中南半岛经济走廊，孟中印缅经济走廊，中缅、中越、中老经济走廊建设，提升中国—南亚博览会、中国—南亚合作论坛等展会和论坛的国际化、专业化水平，成为国内国际深化合作的桥梁纽带。

五是增强对南亚东南亚的辐射力和带动力。面向南亚东南亚国家，建设科技创新中心、金融服务中心、教育辐射中心、文化交流中心，加强面向南亚东南亚综合交通、物流、信息、能源枢纽建设，打通跨境产业、跨境贸易、跨境物流、跨境金融、跨境电商等堵点，实现与南亚东南亚国家经济循环流转和产业关联畅通，增强对南亚东南亚的辐射力和带动力。顺应新兴国际贸易、跨境电商、数字贸易等发展趋势，发挥云南在科技、金融、数字经济等方面的比较优势，推进贸易创新发展。

卡片三十七

Guiding Ideology
指导思想

2015 年 1 月 19 日至 21 日，中共中央总书记、国家主席、中央军委主席习近平深入云南省考察指导工作。习近平总书记殷切希望云南“用全面建成小康社会、全面深化改革、全面依法治国、全面从严治党引领各项工作，主动服务和融入国家发展战略，闯出一条跨越式发展的路子来，努力成为我国民族团结进步示范区、生态文明建设排头兵、面向南亚东南亚辐射中心，谱写好中国梦的云南篇章”。

2020 年 1 月 19 日至 21 日，习近平总书记再次到云南考察，对云南各项工作取得的成绩给予肯定，希望云南正确认识和把握在全国发展大局中的地位和作用，坚决贯彻中共中央重大决策部署，统筹推进稳增长、促改革、调结构、惠民生、防风险、保稳定工作，努力在建设我国民族团结进步示范区、生态文明建设排头兵、面向南亚东南亚辐射中心上不断取得新进展，谱写好中国梦的云南篇章。

第十四个五年规划

2020 年 12 月 10 日，中国共产党云南省第十届委员会第十一次全体会议审议通过了《中共云南省委关于制定云南省国民经济和社会发展第十四个五年规划和二〇三五年远景目标的建议》，提出了“十四五”规划时期云南经济社会发展指导思想。

高举中国特色社会主义伟大旗帜，深入贯彻中共十九大和十九届二中、三中、四中、五中全会精神，坚持以马克思列宁主义、毛泽东思想、邓小平理论、“三个代表”重要思想、科学发展观、习近平新时代中国特色社会主义思想为指导，深入贯彻落实习近平总书记考察云南重要讲话精神，全面贯彻党的基本理论、基本路线、基本方略，统筹推进经济建设、政治建设、文化建设、社会建设、生态文明建设的总体布局，协调推进全面建设社会主义现代化国家、全面深化改革、全面依法治国、全面从严治党的战略布局，坚定不移贯彻创新、协调、绿色、开放、共享的新发展理念，坚持稳中求进工作总基调，以推动高质量发展为主题，以深化供给侧结构性改革为主线，以改革创新为根本动力，以满足人民日益增长的美好生活需要为根本目的，加快推进新型工业化、信息化、城镇化和农业现代化，统筹发展和安全，加快建设现代化经济体系，深度融入以国内大循环为主体、国内国际双循环相互促进的新发展格局，推进边疆民族地区治理体系和治理能力现代化，不断巩固拓展脱贫攻坚成果，巩固夯实全面建成小康社会成果，努力在建设我国民族团结进步示范区、生态文明建设排头兵、面向南亚东南亚辐射中心上不断取得新进展，确保全面建设社会主义现代化新征程开好局、起好步。

卡片三十八

Development Goals
发展目标

《中共云南省委关于制定云南省国民经济和社会发展第十四个五年规划和二〇三五年远景目标的建议》提出了到 2035 年云南省与全国同步基本实现社会主义现代化的八个方面奋斗目标。

1 全省经济总量力争上新台阶，人均地区生产总值、中等收入群体比重力争达到全国平均水平。

2 区域创新能力显著提高，基本实现新型工业化、信息化、城镇化、农业现代化，建成现代化经济体系。

3 基本实现边疆民族地区治理体系和治理能力现代化，人民平等参与、平等发展权利得到充分保障，基本建成法治云南、法治政府、法治社会。

4 平安云南建设达到更高水平。

5 基本建成教育强省、人才强省、文化强省、高原特色体育强省、健康云南，群众素质和社会文明程度达到新高度，基本公共服务实现均等化，城乡区域发展差距和居民生活水平差距显著缩小，全面建成我国民族团结进步示范区。

6 广泛形成绿色生产生活方式，生态保护、环境质量、资源利用等走在全国前列，全面建成我国生态文明建设排头兵。

7 建成交通强省，现代化综合交通体系和国际物流体系基本形成，参与国内国际经济合作和竞争优势明显增强，全面建成我国面向南亚东南亚辐射中心。

8 人的全面发展、全体人民共同富裕取得明显成效，各族群众生活更加美好。

《中共云南省委关于制定云南省国民经济和社会发展第十四个五年规划和二〇三五年远景目标的建议》提出了“十四五”规划时期云南经济社会发展的主要目标。

经济发展取得新成效，面向南亚东南亚辐射中心建设迈出新步伐，社会文明程度得到新提高，生态文明建设排头兵取得新进展，民族团结进步示范区建设和民生福祉达到新水平，边疆治理能力实现新提升。

卡片三十九

Key Priority
重点任务

《中共云南省委关于制定云南省国民经济和社会发展第十四个五年规划和二〇三五年远景目标的建议》明确提出“十四五”规划时期全省经济社会发展的重点任务。

① 要铸牢中华民族共同体意识，全面深入持久开展民族团结进步创建，支持革命老区、民族地区、边境地区加快发展，努力成为我国民族团结进步示范区。

② 要全面推动绿色低碳发展，全面改善生态环境质量，全面提高资源利用效率，全面完善生态环境治理体系，筑牢国家西南生态安全屏障，努力成为我国生态文明建设排头兵。

③ 要加快互联互通国际大通道建设，强化对外开放平台功能，加强开放合作机制建设，建设更高水平开放型经济新体制，加快建设我国面向南亚东南亚辐射中心。要找准深度融入“大循环、双循环”切入点，精准补齐短板拓展投资空间，增强消费对经济发展的基础性作用，深度融入新发展格局。

④ 要加强区域创新体系建设，强化企业创新主体地位，完善科技创新体制机制，激发人才创新活力，建设创新型云南。

⑤ 要壮大支柱产业，全力打造世界一流“三张牌”，培育战略性新兴产业，大力建设“数字云南”，推动产业体系优化升级。

⑥ 要加快现代综合交通运输体系建设，系统布局新型基础设施，大力实施“兴水润滇”工程，加快现代综合物流体系建设，加快能源基础设施建设，构筑现代基础设施网络。

⑦ 要全面深化改革，激发各类市场主体活力，夯实市场经济基础性制度，建立现代财税金融体制，创新政府管理和服务方式。

⑧ 要巩固拓展脱贫攻坚成果，保持政策措施总体稳定，扎实做好脱贫地区后续帮扶，接续推进脱贫地区乡村振兴，加强对农村低收入人口帮扶。

⑨ 要大力推动乡村振兴和新型城镇化，提高高原特色农业质量效益和竞争力，实施乡村建设行动，深化农村改革，推进以人为核心的新型城镇化。

⑩ 要优化国土空间布局，构建国土空间开发保护新格局，优化区域经济布局，推进山区综合开发。

⑪ 要大力发展社会主义文化，提高社会文明程度，提升公共文化服务水平，构建现代文化和旅游产业体系。

⑫ 要不断增进人民福祉，提高人民收入水平，提高居民就业水平，办好人民满意教育，推进健康云南建设，健全多层次社会保障体系，促进养老托育服务健康发展。

⑬ 要建设平安云南，健全社会治理体系，深入贯彻总体国家安全观，确保经济安全，保障人民生命安全，维护社会稳定，筑牢祖国西南安全稳定屏障，全力服务国防和军队现代化建设。